W9-AFF-397

La nariz

Julie Murray

Abdo
TU CUERPO
Kids

abdopublishing.com

Published by Abdo Kids, a division of ABDO, PO Box 398166, Minneapolis, Minnesota 55439.
Copyright © 2017 by Abdo Consulting Group, Inc. International copyrights reserved in all countries.
No part of this book may be reproduced in any form without written permission from the publisher.

Printed in the United States of America, North Mankato, Minnesota.

102016

012017

 THIS BOOK CONTAINS
RECYCLED MATERIALS

Spanish Translator: Maria Puchol

Photo Credits: iStock, Shutterstock

Production Contributors: Teddy Borth, Jennie Forsberg, Grace Hansen

Design Contributors: Candice Keimig, Dorothy Toth

Publisher's Cataloging-in-Publication Data

Names: Murray, Julie, author.

Title: La nariz / by Julie Murray.

Other titles: Nose. Spanish

Description: Minneapolis, MN : Abdo Kids, 2017. | Series: Tu cuerpo |
    Includes bibliographical references and index.

Identifiers: LCCN 2016947568 | ISBN 9781624026553 (lib. bdg.) |
    ISBN 9781624028793 (ebook)

Subjects: LCSH: Nose--Juvenile literature. | Smell--Juvenile literature. | Spanish
    language materials--Juvenile literature.

Classification: DDC 612.8/6--dc23

LC record available at http://lccn.loc.gov/2016947568

Contenido

La nariz

La nariz es parte del cuerpo.

Sue se toca la nariz.

La nariz tiene dos huecos.

Se llaman **fosas nasales**.

La nariz es para oler.

Dan huele las flores.

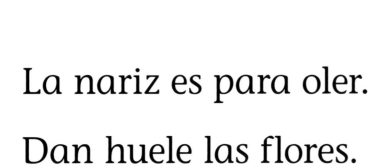

8

Podemos oler cosas ricas.

John huele las galletas.

Podemos oler cosas feas.

Ryan huele la basura.

La nariz puede
estar **congestionada**.
Mary está resfriada.

La nariz es para respirar.

Kate está respirando.

Los animales también tienen nariz. ¡Los cerdos tienen buen sentido del olfato!

¿Qué te gusta oler?

Partes de la nariz

Dorso nasal

Aleta nasal

Lóbulo nasal

Fosa nasal

Columela

Glosario

congestionado
cuando la nariz está tapada
por enfermedad o alergias y
es difícil respirar.

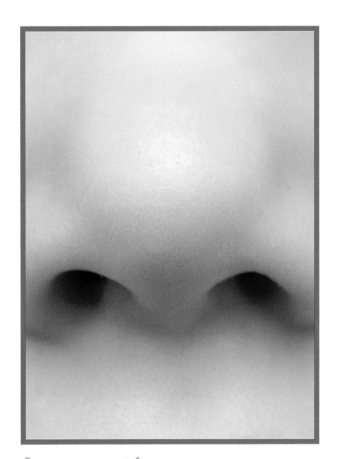

fosas nasales
huecos en la nariz para
poder respirar.

Índice

abdokids.com

¡Usa este código para entrar en abdokids.com y tener acceso a juegos, arte, videos y mucho más!

Código Abdo Kids:
YNK1613